# Brownies, Muffins, Cookies & Co.

## Trendgebäck made in USA

> Autor: **Volker Eggers** | Fotos: **Michael Brauner**

# Inhalt

## Die Theorie

## Die Rezepte

## Extra

## *Unbegrenzte Möglichkeiten – amerikanisch backen*

Amerikanische Coffee-Shops haben in unseren Städten Einzug gehalten – und verbreiten ihren unwiderstehlichen Duft nach aromatisierten Kaffee-Spezialitäten, süßem Gebäck und herzhaften Kleinigkeiten. Lassen Sie sich durch die vielfältigen Verwandlungsmöglichkeiten von Muffins, Cookies, Brownies, Donuts und Pies inspirieren! Mit unseren klassischen und neuen Rezepten zaubern Sie ganz unkompliziert das Coffee-Shop-Feeling zu Hause.

# Kleine amerikanische Backgeschichte

Was heute in Snack-Bars, Delis und Coffee-Shops in den gesamten USA zu Cinnamon Coffee, Latte macchiato und Chai angeboten wird, ist Trendgebäck mit Tradition.

## Typisch amerikanisch

Schon die ersten Siedler aus Europa hatten bei der Landung im »Land der unbegrenzten Möglichkeiten« Rezepte für ihr Lieblingsgebäck im Gepäck – und passten sie rasch den neuen Gegebenheiten an. Kürbis, Cranberries, Mais und Pekannüsse ersetzten Zutaten aus der Alten Welt und sorgten für neue Aromen. Von einigen Rezepten blieb sogar lediglich der Name erhalten:

1 *Bagel mit Frischkäse und Lachs, der Klassiker aus dem Deli*

Muffins zum Beispiel, die lockeren Hefebrötchen zum englischen Five o'clock Tea, verwandelten sich in vielseitige Rührteigtörtchen. Wie das vonstatten ging, weiß heute niemand mehr so genau. Vielleicht stand den Pioniersfrauen keine Hefe zur Verfügung, oder ihnen dauerte die Teigherstellung zu lange – jedenfalls erfanden sie die Muffins neu. Im Handumdrehen zusammengerührt und beinahe unendlich wandelbar, wurden sie zum Lieblingsgebäck amerikanischer Hausfrauen und sind längst im Triumphzug nach Europa zurückgekehrt.

## Kulinarische Vielfalt

Im Laufe der weiteren Jahrhunderte sorgten Einwanderer aus aller Herren Länder für Abwechslung in amerikanischen Küchen. Die von ihnen mitgebrachten Zutaten, Aromen und Rezepte sind aus der kulinarischen Landschaft der USA nicht mehr wegzudenken. Was wäre ein New Yorker Deli ohne Bagels, die traditionellen jüdischen Brotkringel! Weil sie vor dem Backen in Wasser pochiert werden, erhalten sie eine glänzende, glatte Oberfläche. Sie eignen sich hervorragend zum Füllen und Belegen: mit Frischkäse und Lachs, mit Tunfisch und Mayonnaise, mit Salat und Hühnchen – kurz: mit allem, was kreativen Feinschmeckern nur einfällt.

## Tradition und Variation

Vielleicht ist es am ehesten das, was amerikanisches Backen ausmacht: ein paar Lieblingsrezepte, die sich tausendfach abwandeln lassen. Nach Lust und Laune. Nach Vorratslage. Nach Anlass und persönlichen Vorlieben. Mehr oder weniger aufwändig. Jedenfalls mit viel Spaß an spannenden Geschmackserlebnissen. In diesem Buch finden Sie seitenweise neue Ideen – natürlich neben Klassikern wie Pancakes mit Ahornsirup und dem berühmten Key Lime Pie. Probieren Sie beides aus – und backen Sie »typisch amerikanisch«!

# Muffinteig

## So backen die Amerikaner Muffins

Im Heimatland der Muffins mischt die Bäckerin erst alle trockenen Zutaten wie Mehl und Zucker in einer Schüssel, danach die feuchten in einer anderen. Jetzt das Mehlgemisch nur kurz unter die feuchten Zutaten rühren. Allzu gründliches Rühren lässt den Teig zäh werden. Zum Schluss eventuell Obst, z. B. Blaubeeren, unterheben – fertig ist der Teig!

FÜR 12 MUFFINS

- ➤ 300 g Mehl
- 175 g Zucker
- 2 TL Backpulver
- 1/4 gestr. TL Salz
- 2 Eier
- 150 g weiche Butter
- 175 ml Milch
- Fett für die Form

**TIPP**

### Muffins aus der Form lösen

Die gebackenen Muffins noch 5–10 Min. in der Form ruhen lassen, dann durch Drehen aus den Mulden lösen und auf einem Kuchengitter vollständig auskühlen lassen.

**1** Den Backofen auf 180° (Umluft 160°) vorheizen. Papierförmchen einsetzen oder die Vertiefungen des Blechs fetten. Blech kalt stellen.

**2** Mehl, Zucker, Backpulver und Salz in eine Rührschüssel geben und mischen.

**3** In einer zweiten Schüssel Eier, Butter und Milch gründlich verquirlen, dann die Mehlmischung zügig unterrühren.

**4** Den Teig einfüllen. Im heißen Backofen (Mitte) 25 Min. backen.

# Geknetet & gerührt

### Pie-Teig

Dieser Mürbeteig wird für herzhaftes Gebäck ohne, für süßes mit Zucker zubereitet. Wichtig ist, dass alle Zutaten gekühlt sind und rasch verknetet werden.

Für 1 süße gedeckte Pie (28 cm Ø) 300 g Mehl, 20 g Zucker, Salz, 150 g kalte Butter in Stücken und 4 EL eiskaltes Wasser glatt verkneten. Teig in Folie wickeln und 1 Std. kalt stellen.

Danach den Ofen auf 200° vorheizen. Zwei Drittel des Teigs ausrollen und in die gefettete Pie- oder Springform legen, den Rand andrücken. Teig mehrmals mit einer Gabel einstechen, nochmals kalt stellen. Füllung vorbereiten und in die Form geben.

Übrigen Teig in Formgröße ausrollen, auf die Füllung legen, Teigränder gut andrücken. Ein Loch in den Deckel stechen, damit der Dampf entweichen kann. Im Ofen (Mitte, Umluft 180°) ca. 45 Min. backen.

### All-in-Teig

Dieser Teig ist schnell und einfach zubereitet. Man kann ihn gut für Napfkuchen oder knusprige Cookies, die großen, runden Kekse, verwenden.

Für 30 helle Cookies 250 g Mehl, 1 Prise Salz und je 1/2 TL Backpulver und Natron in einer Schüssel mischen. 1 Ei, 175 g Zucker und 200 g weiche Butter unterrühren.

Nach Belieben 150 g Schokoladentröpfchen (s. S. 59) oder 150 g gehackte Nüsse unterheben. Backofen auf 180° (Umluft 160°) vorheizen. Backblech mit Backpapier auslegen. Aus dem Teig kleine Häufchen mit Abstand auf das Blech setzen. Im Backofen (Mitte) 15–20 Min. backen.

Auf einem Kuchengitter auskühlen lassen. Für Napfkuchen den Teig nach Belieben mit Nüssen oder Schokolade verfeinern, in die gefettete Form füllen, nach Rezept backen.

### Pancake-Teig

Pancakes, die kleinen Pfannkuchen, gehören in Amerika zum Frühstück. Klassisch beträufelt man sie dazu mit Ahornsirup (siehe auch Rezept S. 22).

Für 4 Portionen 50 g Butter schmelzen. Mit 300 ml Buttermilch oder je 150 ml Milch und Buttermilch, 1 Prise Salz und 1 Ei verrühren. 200 g Mehl und 1 TL Backpulver mischen und unterrühren.

Aus dem Teig portionsweise in heißer Butter in einer Pfanne kleine Pfannkuchen backen und zum Servieren übereinander stapeln. Schneller geht's, wenn Sie gleich eine ganze Kelle Teig in die Pfanne geben und große Pfannkuchen backen.

Wer sie noch luftiger möchte, trennt das Ei, schlägt das Eiweiß steif und hebt es zum Schluss unter den Teig. Und wer es süßer mag, rührt noch 1 EL Zucker in den Teig.

# Glasuren, Toppings & Co.

### Puderzuckerguss

125 g Puderzucker mit 2–3 EL Wasser verrühren. Für fruchtigen Guss statt Wasser Zitronen- oder Orangensaft verwenden, alkoholisiert wird er mit Amaretto, Eierlikör oder Rum und bunt durch Fruchtsäfte oder Speisefarbe. Wer ihn dunkel möchte, rührt Kakao unter.

### Kuvertüre

Nicht nur als Überzug geeignet: Spritzen Sie mit flüssiger Kuvertüre filigrane Muster oder Blüten auf Backpapier. Die Kuvertüre vollständig fest werden lassen, abziehen und das Gebäck damit verzieren.

### Eiweißglasur

Diese Glasur glänzt besonders schön: Dazu 150 g Puderzucker, 1 sehr frisches Eiweiß und 2 TL Zitronensaft mit den Quirlen des Handrührgeräts verrühren, bis die Masse glatt ist und glänzt. Auf das fertige Gebäck streichen.

### Schoko-Mousse-Topping

150 g Zartbitter-Schokolade hacken, mit 4 EL Sahne, 1 EL Zucker und 30 g Butter in einem Topf schmelzen. Vom Herd nehmen, kalt stellen. 100 g Sahne dazugießen und alles schaumig rühren. Reicht zum Verzieren von 1 Kuchen oder 12 Muffins.

### Espresso-Topping

50 g Zartbitter-Schokolade (50 % Kakao) schmelzen. 40 g Butter, 1 Pck. Vanillezucker, 150 g Puderzucker, 2 EL Instant-Espressopulver und 1 frisches Ei geschmeidig rühren. Flüssige Schokolade unterziehen, cremig rühren. Auf dem Gebäck verteilen.

### Obendrauf

Pralinen, Bonbons und andere Süßigkeiten mit etwas Puderzuckerguss oder flüssiger Schokolade auf süßem Gebäck festkleben. Oder Muffins mit Kuvertüre oder erhitzter Aprikosenmarmelade bestreichen und mit gehackten Nüssen bestreuen.

# Lieblingsgetränke
## von Chai bis Smoothie

Kult im Coffee-Shop – und ganz einfach zu Hause nachzumachen: aromatisierte Kaffeespezialitäten. Mit einem Schuss fertig gekauftem Sirup duften und schmecken Latte macchiato, Cappuccino & Co. nach Haselnuss, Vanille oder Zimt. Und für noch mehr Getränkevielfalt in der heimischen Kaffeebar sorgen die schnellen Rezepte auf dieser Seite.

REZEPT-IDEEN

### Erdbeer-Milchshake

✗ Für 3 Gläser (à 200 ml) 250 g Erdbeeren waschen, putzen, vierteln. Mit 200 ml kalter Milch, 2 Pck. Vanillezucker und 200 ml Vanille-Eis in den Mixer geben und schaumig aufschlagen. In Gläser füllen, nach Belieben mit Zitronenmelisse garnieren und sofort servieren.

### Aprikosen-Milchshake

✗ Für 3 Gläser (à 200 ml) 250 g Aprikosen überbrühen, häuten, entsteinen und in Stücke schneiden. Mit 150 g Vollmilch-Joghurt, 200 ml Milch, 3 EL flüssigem Honig und 2 EL Schmelzflocken in den Mixer geben und alles schaumig aufschlagen. In Gläser füllen, mit Aprikosen garnieren.

### Himbeer-Smoothie

✗ Für 3 Gläser (à 200 ml) 250 g frische Himbeeren, 250 g Mangofruchtfleisch und 4 EL Himbeersirup mit 6 Eiswürfeln (bei tiefgefrorenen Himbeeren ohne Eiswürfel) in den Mixer geben und alles cremig aufschlagen. In Gläser füllen und eventuell mit etwas Mineralwasser verdünnen.

### Ananas-Smoothie

✗ Für 3 Gläser (à 250 ml) 500 g frisches Ananasfruchtfleisch klein würfeln. Ananas, 200 ml ungesüßte Kokoscreme, 1 EL braunen Zucker, 2 EL Limettensaft und 6 Eiswürfel in den Mixer geben und cremig aufschlagen. In Gläser füllen und evtl. mit Ananas garnieren.

### Avocado-Smoothie

✗ Für 3 Gläser (à 200 ml) 2 reife Avocados entkernen, schälen und würfeln. Mit 1 TL abgeriebener Limettenschale, 3 EL Limettensaft, Saft von 2 Pink Grapefruits, 1 Pck. Vanillezucker, 1 EL braunem Zucker und 6 Eiswürfeln im Mixer cremig aufschlagen. Evtl. mit Mineralwasser auffüllen.

### Beeren-Smoothie

✗ Für 3 Gläser (à 250 ml) 300 g frische gemischte Beeren waschen und putzen. Mit 200 g Buttermilch, 7 EL Ahornsirup und 6 Eiswürfeln (bei tiefgefrorenen Beeren ohne Eiswürfel) in den Mixer geben und alles cremig aufschlagen. In Gläser füllen und nach Belieben mit Beeren garnieren.

## Latte macchiato

heißt aus dem Italienischen übersetzt »gefleckte Milch«. Dafür heiße Milch aufschäumen (entweder mit der Düse der Espressomaschine oder einem Milchaufschäumer). Milch mit Schaum in ein hohes Glas füllen und vorsichtig einen heißen Espresso darauf gießen.

## Eistee

Für 1 l Eistee 4 TL schwarzen Tee (z. B. Assam oder Earl Grey) mit 1 l kochendem Wasser aufgießen, einige Minuten ziehen lassen und auf Eiswürfel abseihen. Mit Zucker süßen. Nach Belieben mit einigen Eiswürfeln und Zitronenscheiben in Teegläser geben.

## Chai latte

Je 1/2 l Milch und Wasser, 6 Kardamomkapseln, 4 Nelken, 1 EL Fenchel, 1 TL Anis, 1 Zimtstange, 1 TL gehackten Ingwer, 50 g Zucker oder Honig aufkochen. 4 TL Assamtee darin 8 Min. ziehen lassen, abseihen.

# Die kleinen Süßen

Blond oder braun? Eine schwierige Frage. Wie gut, dass Sie sich zumindest bei unseren süßen, saftigen Kuchenschnitten nicht entscheiden müssen. Backen Sie einfach beide – schokoladige Brownies und ihre hellen Schwestern, die Blondies. Falls Sie keine der typisch amerikanischen Brownieformen von 20 x 20 cm haben: In zwei Kastenformen (25 cm) oder einer entsprechend großen Auflaufform klappt's genauso gut. Und weil's so fix geht und der Ofen noch heiß ist, schieben Sie doch gleich noch ein Blech knusprige Cookies für den Vorrat hinterher. Dann müssen Sie nur noch überlegen, wen Sie zum Kaffee einladen: ob blond, ob braun ...

# Blitzrezepte

## Erdnuss-Cookies

FÜR 36 STÜCK

➤ 1 Ei | 130 g brauner Zucker | 2 Pck. Vanillezucker | 175 g Butter | 70 g Erdnusscreme | 125 g Mehl | 1/2 TL Backpulver | 1/2 TL Natron | 1/4 TL Salz 200 g gesalzene Erdnusskerne

1 | Backofen auf 180° (Umluft 160°) vorheizen. Blech mit Backpapier auslegen. Ei, Zucker und Vanillezucker verrühren. Butter und Erdnusscreme unterrühren. Mehl, Backpulver, Natron und Salz mischen, unterrühren. 150 g Erdnüsse hacken und unterziehen.

2 | Teig esslöffelweise auf 2 Bleche verteilen. Restliche Nüsse grob hacken, auf die Häufchen verteilen. Im Backofen (Mitte) 15–20 Min. backen.

## Gewürz-Brownies

FÜR 1 BACKFORM (20×20 CM)

➤ 100 g Butter | 200 g Zartbitter-Schokolade | 180 g brauner Zucker | 1 Pck. Vanillezucker | Salz | je 1/4 TL gemahlener Zimt, Kardamom, Nelken und Koriander | 2 Eier | 200 g Mehl | 1 TL Backpulver | 100 g gehackte Mandeln **Fett für die Form**

1 | Backofen auf 180° vorheizen. Form fetten. Butter schmelzen. Schokolade hacken, in der Butter schmelzen. Zucker, Vanillezucker, Salz und Gewürze mischen. Eier unterrühren. Mehl, Backpulver und Mandeln unter die Schokobutter heben.

2 | Teig in die Form streichen. Im Ofen (Mitte, Umluft 160°) 30 Min. backen. Nach dem Abkühlen in Stücke schneiden.

ganz leicht | schnell

# Brownies mit Schokoguss

FÜR 1 BACKFORM
(20×20 CM)

➤ 100 g Butter
200 g Halbbitter-
Kuvertüre
150 g Zucker | Salz
2 Eier | 125 g Mehl
1 TL Backpulver
150 g Walnusskerne
Fett für die Form

🕐 Zubereitung: 25 Min.
🕐 Backzeit: 30 Min.
➤ Bei 12 Stück pro Stück ca.:
330 kcal

1 | Butter schmelzen. 100 g
Kuvertüre hacken und in der
Butter unter Rühren schmel-
zen. Ofen auf 180° vorheizen.
Form fetten.

2 | Zucker, 1/4 TL Salz und
Eier verrühren. Mehl und
Backpulver mischen und
unterrühren. Butter-Kuver-
türe-Mischung unterziehen.
100 g Walnusskerne hacken
und unterheben. Teig in die
Form streichen. Im Backofen
(Mitte, Umluft 160°) 30 Min.

backen. Auf einem Kuchen-
gitter auskühlen lassen.

3 | Restliche Kuvertüre
hacken und im Wasserbad
schmelzen. Kuchen damit
überziehen. Übrige Walnüsse
darauf verteilen. Kuchen in
12 Stücke schneiden.

unbedingt probieren!

# Vanille-Blondies

FÜR 1 BACKFORM
(20×20 CM)

➤ 125 g Kokosfett
100 g weiße Kuvertüre
150 g weiße Schokolade
100 g Zucker
Mark von 1 Vanilleschote
1/4 TL Salz
3 Eier
225 g Mehl
1 1/2 TL Backpulver
5 EL Milch
100 g Puderzucker
1 EL gehackte Pistazien
Fett für die Form

🕐 Zubereitung: 40 Min.
🕐 Backzeit: 35 Min.
➤ Bei 12 Stück pro Stück ca.:
360 kcal

1 | 100 g Kokosfett schmel-
zen. Kuvertüre hacken, darin
unter Rühren schmelzen.

2 | Backofen auf 180° vorhei-
zen. Form fetten. Schokolade
grob hacken. Zucker, Va-
nillemark und Salz mischen,
unter die Kuvertüremasse
rühren. Eier nacheinander
unterrühren. Mehl und Backpulver mischen, darüber sie-
ben und unterrühren. 100 g
gehackte Schokolade unterziehen. Den Teig in die Form
streichen.

3 | Blondies im Backofen
(Mitte, Umluft 160°) 35 Min.
backen. Auf einem Kuchen-
gitter auskühlen lassen.

4 | Übriges Fett schmelzen.
Restliche Schokolade darin
schmelzen. Milch und Puderzucker unterrühren und
abkühlen lassen, bis die
Masse fast fest ist. Masse mit
einem Schneebesen cremig
aufschlagen und auf das
Gebäck streichen. Mit Pistazien bestreuen. 1 Std. kalt
stellen. Kuchen in 12 Stücke
schneiden.

kernig | salzig-süß

# Macadamia-Blondies

FÜR 1 BACKFORM
(20×20 CM)

➤ 100 g weiche Butter
  150 g brauner Zucker
  1 Pck. Vanillezucker
  2 Eier | 4 EL Sahne
  200 g Mehl
  1 TL Backpulver
  125 g gesalzene Macadamianüsse
  Fett für die Form

🕐 Zubereitung: 20 Min.
🕐 Backzeit: 30 Min.
➤ Bei 12 Stück pro Stück ca.: 270 kcal

1 | Backofen auf 180° vorheizen. Form fetten. Butter, Zucker und Vanillezucker cremig rühren. Eier und Sahne unterrühren. Mehl und Backpulver mischen und unterrühren. Nüsse hacken und unterheben.

2 | Teig in die Form streichen. Im Backofen (Mitte, Umluft 160°) 30 Min. backen. Form auf einem Kuchengitter auskühlen lassen. Blondies in 12 Stücke schneiden.

für Gäste | mit Biss

# Pekan-Schoko-Brownies

FÜR 1 BACKFORM
(20×20 CM)

➤ 150 g Butter
  200 g brauner Zucker
  Salz
  1/2 TL Zimtpulver
  2 Eier | 100 g Mehl
  25 g Kakaopulver
  1 TL Backpulver
  100 g Pekannusskerne
  10 g Kokosfett
  80 g Zartbitter-Schokolade
  2 EL Haselnuss-Sirup (nach Belieben)
  100 g Schlagsahne
  12 halbe Pekannusskerne
  Fett für die Form

🕐 Zubereitung: 45 Min.
🕐 Backzeit: 35 Min.
➤ Bei 12 Stück pro Stück ca.: 350 kcal

1 | Den Backofen auf 180° vorheizen. Form fetten.

2 | 120 g Butter, Zucker, Salz, Zimt und Eier verrühren. Mehl, Kakao und Backpulver mischen und unterrühren. Pekannusskerne hacken und unterheben. Teig in die Form streichen. Im Backofen (Mitte, Umluft 160°) 35 Min. backen. Auf einem Kuchengitter auskühlen lassen.

3 | Restliche Butter und Kokosfett in einem Topf schmelzen. Schokolade hacken und in der Butter schmelzen. Topf vom Herd nehmen und nach Belieben den Haselnuss-Sirup unterrühren.

4 | Kuchen aus der Form lösen und in 12 Stücke schneiden. Mit der flüssigen Glasur überziehen und kalt stellen.

5 | Sahne steif schlagen und jeweils 1 Klecks auf 1 Brownie geben. Mit Pekannüssen verzieren.

**TIPP**
Es muss nicht immer eckig sein: Brownies und Blondies aus der Muffinform sind ein rundes Vergnügen. Reduzieren Sie die Backzeit auf 10–15 Min. und machen Sie die Garprobe mit einem Holzstäbchen.

fruchtig | raffiniert

# Orangen-Blondies mit Käsehaube

FÜR 1 BACKFORM
(20×20 CM)

➤ 100 g Butter
  250 g brauner Zucker
  2 Pck. Vanillezucker
  abgeriebene Schale von
  1 unbehandelten Orange
  Salz | 3 Eier
  220 g Mehl
  1 TL Backpulver
  5 EL Orangensaft
  200 g Doppelrahm-Frischkäse
  Fett für die Form

🕐 Zubereitung: 30 Min.
🕐 Backzeit: 40 Min.
➤ Bei 12 Stück pro Stück ca.:
  280 kcal

1 | Backofen auf 180° vorheizen. Form fetten. Butter, 150 g Zucker, 1 Pck. Vanillezucker, die Hälfte der Orangenschale und 1/4 TL Salz schaumig rühren. 2 Eier unterrühren. 200 g Mehl und Backpulver mischen, mit dem Saft kurz unterrühren. Teig in die Form streichen.

2 | Frischkäse, restlichen Zucker und Vanillezucker, Orangenschale, übriges Ei und Mehl verrühren. Masse auf dem Teig glatt streichen.

3 | Blondies im Backofen (Mitte, Umluft 160°) 40 Min. backen. Auf einem Kuchengitter auskühlen lassen, in 12 Stücke schneiden.

trendy | pikant

# Chili-Brownies

FÜR 1 BACKFORM
(20×20 CM)

➤ 100 g Butter
  150 g Halbbitter-Kuvertüre
  2 rote Chilischoten
  175 g brauner Zucker
  1 Pck. Vanillezucker
  Salz
  2 Eier
  125 g Mehl
  25 g Kakaopulver
  1 TL Backpulver
  100 g Mandelstifte
  150 g weiße Kuchenglasur
  Fett für die Form

🕐 Zubereitung: 30 Min.
🕐 Backzeit: 30 Min.
➤ Bei 12 Stück pro Stück ca.:
  360 kcal

1 | Backofen auf 180° (Umluft 160°) vorheizen. Form fetten. Butter schmelzen. Kuvertüre hacken und in der Butter unter Rühren schmelzen.

2 | Chilischoten putzen, entkernen und hacken. Zucker, Vanillezucker, 1/4 TL Salz und Eier verrühren. Mehl, Kakaopulver und Backpulver mischen und unterrühren. Butter-Kuvertüre-Mischung unterziehen. 80 g Mandelstifte und Chilis unterheben. Teig in die Form streichen. Im Backofen (Mitte) 25 Min. backen. Auf einem Kuchengitter auskühlen lassen.

3 | Kuchenglasur nach Packungsanweisung schmelzen. Kuchen mit der Glasur überziehen. Übrige Mandeln darauf streuen. Glasur fest werden lassen und Kuchen in 12 Stücke schneiden.

**TIPP** Wer's nicht ganz so pikant mag, nimmt nur 1 Chilischote, Liebhaber des scharfen Kicks nach Belieben 3–4.

schmecken Kindern

# Schokoladen-Cookies

FÜR 30 STÜCK

➤ 1 Ei
130 g brauner Zucker
2 Pck. Vanillezucker
150 g weiche Butter
125 g Mehl
25 g Kakaopulver
1/2 TL Backpulver
1/4 TL Salz
150 g Schokotröpfchen
Backpapier

🕐 Zubereitung: 20 Min.
🕐 Backzeit: 15 Min.
➤ Pro Stück ca.: 100 kcal

1 | Backofen auf 180° (Umluft 160°) vorheizen. 2 Bleche mit Backpapier belegen. Ei, Zucker und Vanillezucker verrühren. Butter unterrühren. Mehl, Kakaopulver, Backpulver und Salz mischen und unterrühren. Schokotröpfchen unterziehen.

2 | Teig esslöffelweise auf die Bleche verteilen. Jeweils im Ofen (Mitte) 15 Min. backen, auf einem Gitter auskühlen lassen.

gelingen leicht

# Cranberry-Cookies

FÜR 30 STÜCK

➤ 250 g Mehl
1/2 TL Backpulver
1/2 TL Natron
1 Prise Salz
200 g weiche Butter
150 g brauner Zucker
1 Pck. Vanillezucker
1 Ei
3 EL Orangensaft
100 g getrocknete Cranberries
Backpapier

🕐 Zubereitung: 20 Min.
🕐 Backzeit: 15 Min.
➤ Pro Stück ca.: 110 kcal

1 | Den Backofen auf 180° (Umluft 160°) vorheizen. 2 Backbleche mit Backpapier auslegen. Mehl, Backpulver, Natron und Salz in einer Schüssel mischen.

2 | Die Butter, den Zucker und den Vanillezucker in einer zweiten Schüssel schaumig rühren. Das Ei unterrühren. Die Mehlmischung und den Orangensaft kurz unterziehen. Die getrockneten Cranberries unterheben.

3 | Mit 2 Esslöffeln kleine Häufchen auf die Backbleche setzen. Jeweils im Backofen (Mitte, Umluft 160°) in 15 Min. goldbraun backen.

4 | Cookies aus dem Backofen nehmen, mit dem Backpapier auf einen Kuchenrost ziehen und auskühlen lassen.

**TIPP** Cookies wollen fix gemacht sein, sonst werden sie zäh. Also den Teig nur so lange rühren, bis alle Zutaten untergemischt sind. Umso besser – Zeit für eine Tasse Kaffee in Vorfreude auf die frischen Knusperkekse!

kernig | preiswert

# Haferflocken-Cookies

### FÜR 30 STÜCK

➤ 200 g Mehl
1 TL Backpulver
1/2 TL Natron
Salz
150 g weiche Butter
175 g brauner Zucker
2 Eier
100 g zarte Haferflocken
100 g kernige Haferflocken
100 g Rosinen
Puderzucker zum Wenden
Mehl für die Arbeitsfläche
Backpapier

🕐 Zubereitung: 25 Min.
🕐 Kühlzeit: 1 Std.
🕐 Backzeit: 12 Min.
➤ Pro Stück ca.: 125 kcal

1 | Mehl, Backpulver, Natron und 1/2 gestrichenen TL Salz in einer Schüssel mischen. Butter und Zucker in einer zweiten Schüssel schaumig rühren. Eier unterrühren. Mehlmischung, alle Haferflocken und Rosinen unterkneten. Den Teig zu einer 30 cm langen Rolle formen. Zugedeckt 1 Std. kalt stellen.

2 | Den Backofen auf 200° (Umluft 180°) vorheizen. 2 Bleche mit Backpapier auslegen. Teigrolle mit einem scharfen Messer in 1 cm dicke Scheiben schneiden und in Puderzucker wenden. Auf Bleche verteilen. Jeweils im Backofen (Mitte) in 12 Min. goldbraun backen.

3 | Cookies aus dem Backofen nehmen, mit dem Backpapier auf einen Kuchenrost ziehen und auskühlen lassen.

aromatisch | raffiniert

# Ingwer-Cookies

### FÜR 30 STÜCK

➤ 100 g kandierter Ingwer
200 g Mehl
1 TL Backpulver
Salz
200 g weiche Butter
150 g brauner Zucker
1 Pck. Vanillezucker
1 Ei | Puderzucker
Backpapier

🕐 Zubereitung: 20 Min.
🕐 Backen: 12 Min.
➤ Pro Stück ca.: 110 kcal

1 | Ingwer sehr fein hacken. Den Backofen auf 200° (Umluft 180°) vorheizen. 2 Backbleche mit Backpapier auslegen. Mehl, Backpulver und 1/4 TL Salz in einer Schüssel mischen.

2 | Butter, Zucker und Vanillezucker in einer zweiten Schüssel schaumig rühren. Ei unterrühren. Mehlmischung darunter ziehen. Gehackten Ingwer unterheben.

3 | Teig esslöffelweise auf die Bleche verteilen. Jeweils im Backofen (Mitte) in 12 Min. goldbraun backen.

4 | Cookies aus dem Backofen nehmen, mit dem Backpapier auf einen Kuchenrost ziehen und auskühlen lassen. Ingwer-Cookies mit Puderzucker bestäuben.

**TIPP** Sie sind ein Ingwerfan? Dann geben Sie die doppelte Menge kandierten Ingwer und zusätzlich 1/2 TL Ingwerpulver in den Teig.

US-Frühstücksklassiker

# Pancakes mit Ahornsirup

FÜR 4 PERSONEN

➤ 100 g Butter
  2 Eier | 1 EL Zucker
  1 Pck. Vanillezucker
  Salz | 200 ml Milch
  200 g Mehl
  1 TL Backpulver
  Ahornsirup

🕐 Zubereitung: 30 Min.
➤ Pro Portion ca.: 520 kcal

1 | 60 g Butter schmelzen. Mit Eiern, Zucker, Vanillezucker, 1/4 TL Salz und Milch verrühren. Mehl und Backpulver mischen und unterrühren.

2 | Restliche Butter portionsweise in einer beschichteten Pfanne erhitzen. Für jeden Pfannkuchen eine Kelle Teig hineingeben und in 6 Min. goldgelb backen, dabei einmal wenden. Pancakes warm stellen.

3 | Pancakes auf Tellern anrichten, mit etwas Ahornsirup beträufeln und sofort servieren.

säuerlich-frisch

# Buttermilch-Pancakes

FÜR 4 PERSONEN

➤ 1 Ei | 2 EL Zucker
  250 g Mehl
  1 TL Backpulver
  1/2 TL Natron
  Salz
  300 ml Buttermilch
  200 g saure Sahne
  40 g Butter zum Braten

🕐 Zubereitung: 30 Min.
➤ Pro Portion ca.: 400 kcal

1 | Das Ei trennen. Eiweiß und Zucker steif schlagen. Mehl, Backpulver, Natron und Salz mischen. Eigelb, Buttermilch und saure Sahne verquirlen. Mehlmischung unterrühren. Eischnee unterheben.

2 | Butter portionsweise in einer beschichteten Pfanne erhitzen. Für jeden Pfannkuchen eine Kelle Teig hineingeben und in 6 Min. goldgelb backen, dabei einmal wenden. Die Pancakes im Backofen warm stellen.

3 | Pancakes auf Tellern anrichten und heiß servieren. Dazu passt sehr gut Vanilleeis oder eine andere Sorte nach Geschmack.

➤ Variante

**Pancakes mit Biss**

Mischen Sie doch mal unter den angerührten Pancaketeig 50 g gehackte Macadamia- oder Walnusskerne. Dann die Pfannkuchen wie beschrieben backen.

**TIPP**

Typisch amerikanisch sind etwa handtellergroße Küchlein, für die Sie nur jeweils 2 EL Teig in die Pfanne geben. Dann dauert es natürlich etwas länger, bis alle fertig sind. Zum Warmstellen im Backofen am besten etwas Backpapier zwischen die Pancakes legen.

# Runde Sachen

Muffins sind die unangefochtenen Lieblinge aller kreativen Backfans mit wenig Zeit. Schnell gerührt, schnell gebacken – und schnell aufgegessen. Wappnen Sie sich mit cleverer Vorratshaltung gegen leere Teller und enttäuschte Mienen! Die Rührteigtörtchen lassen sich nämlich bestens einfrieren. Aufgetaut und kurz im Ofen aufgebacken, schmecken sie wie frisch. Oder stellen Sie gleich die ungebackenen Muffins in der Form ins Gefrierfach. Sobald sie fest sind, können Sie sie in Gefrierbeutel verpacken und bei Bedarf backen. Und wenn Sie doch einmal etwas mehr Zeit haben, sollten Sie unsere Donut-Rezepte ausprobieren. Die Kringel schmecken ganz frisch am besten!

# Blitzrezepte

## Toffee-Muffins

FÜR 12 STÜCK

➤ 100 g Nougat | 275 g Mehl | 2 TL Back-
pulver | 150 g brauner Zucker
1/4 TL Salz | 2 Eier | 125 ml Öl
150 ml Milch | 12 Toffee-Konfekt
(z. B. Toffifee) | Fett für die Form

1 | Backofen auf 180° (Umluft 160°) vor-
heizen. Muffinblech fetten. Nougat fein
würfeln, kalt stellen. Mehl, Backpulver,
Zucker und Salz mischen. Eier verquirlen.
Öl und Milch unterrühren. Mehlmischung
und Nougat unterrühren.

2 | Teig in die Vertiefungen füllen. Je
1 Konfekt darauf legen. Im Ofen (Mitte)
25 Min. backen. Muffins 5 Min. in der
Form ruhen lassen, dann auf einem
Kuchengitter auskühlen lassen.

## Marshmallow-Muffins

FÜR 12 STÜCK

➤ 100 g Zartbitter-Schokolade | 100 g
Butter | 250 g Mehl | 2 TL Backpulver
1/4 TL Salz | 2 Eier | 125 g Zucker
125 g Sahne | 125 g Mini-Marsh-
mallows | 12 Papierförmchen

1 | Ofen auf 180° (Umluft 160°) vorhei-
zen. Förmchen in das Muffinblech setzen.
Schokolade mit Butter schmelzen. Mehl,
Backpulver und Salz mischen. Eier mit
Zucker, Schokobutter und Sahne verquir-
len. Mehlmischung unterrühren. 75 g
Marshmallows unterheben.

2 | Teig in die Förmchen füllen. Im Ofen
(Mitte) 30 Min. backen. Nach 25 Min. rest-
liche Marshmallows vorsichtig auf den
Muffins verteilen und zu Ende backen.

saftig | gelingen leicht

# Kardamom-Schoko-Muffins

FÜR 12 STÜCK

- ➤ **60 g Pinienkerne**
  **100 g Edelbitter-Schoko-lade (60 % Kakao)**
  **125 g Butter**
  **250 g Mehl**
  **1 TL Backpulver**
  **1/2 TL Natron**
  **1/4 TL Salz**
  **1 TL gem. Kardamom**
  **abgeriebene Schale von 1 unbehandelten Orange**
  **2 Eier**
  **175 g Zucker**
  **125 ml Milch**
  **12 Stück Orangen-schokolade oder Konfekt**
  **Fett für die Form**

- ⏱ Zubereitung: 30 Min.
- ⏱ Backzeit: 25 Min.
- ➤ Pro Stück ca.: 330 kcal

1 | Pinienkerne rösten und grob hacken. Schokolade mit der Butter schmelzen. Ofen auf 200° (Umluft 180°) vorheizen. Blech fetten. Mehl, Backpulver, Natron, Salz, Kardamom und Orangen-schale mischen.

2 | Eier verquirlen. Zucker, Schokobutter und Milch unterrühren. Mehlmischung und Pinienkerne schnell unterrühren.

3 | Teig in die Vertiefungen der Form füllen. Im Backofen (Mitte) 25 Min. backen. 5 Min. ruhen lassen, heraus-lösen und je 1 Stück Oran-genschokolade darauf legen. Auskühlen lassen.

raffiniert | als Dessert

# Espresso-Muffins

FÜR 12 STÜCK

- ➤ **30 g Espresso-Bohnen**
  **250 g brauner Zucker**
  **200 g Mehl**
  **1 TL Backpulver**
  **1/2 TL Natron**
  **1/4 TL gemahlener Zimt**
  **1/4 TL Salz**
  **2 Eier**
  **150 g weiche Butter**
  **4 EL Amaretto**
  **200 g Doppelrahm-Frischkäse**
  **1 EL Puderzucker**
  **Fett und Zucker für die Form**

- ⏱ Zubereitung: 40 Min.
- ⏱ Backzeit: 25 Min.
- ➤ Pro Stück ca.: 320 kcal

1 | Espresso-Bohnen hacken. 75 g Zucker karamellisieren (s. S. 65). Bohnen unterrüh-ren. Karamell auf ein Stück Backpapier streichen, aus-kühlen lassen.

2 | Backofen auf 200° (Um-luft 180°) vorheizen. Muffin-blech fetten, mit Zucker aus-streuen und kalt stellen. Mehl, Backpulver, Natron, Zimt und Salz mischen.

3 | Eier und restlichen Zucker verquirlen. Erst Butter, dann Mehlmischung unterrühren. Espresso-Krokant hacken. 3/4 davon unter den Teig ziehen.

4 | Teig in die Vertiefungen der Form füllen. Im Backofen (Mitte) 25 Min. backen. 5 Min. ruhen lassen, dann aus der Form lösen und aus-kühlen lassen.

5 | Likör, Frischkäse und Pu-derzucker schaumig rühren, auf die Muffins streichen und mit restlichem Espresso-Kro-kant bestreuen.

saftig | exotisch

# Süßkartoffel-Gewürz-Muffins

FÜR 12 STÜCK

➤ 1 Süßkartoffel (250 g)
100 g weiße Kuvertüre
250 g Mehl | 125 g Zucker
2 gestr. TL Backpulver
1/4 TL Salz
1 TL gemahlener Zimt
je 1 Msp. ger. Muskatnuss und Nelkenpulver
2 Eier
125 g weiche Butter
2 EL Milch
150 g Rosinen
1 EL Puderzucker
Fett für die Form

🕐 Zubereitung: 45 Min.
🕐 Backzeit: 25 Min.
➤ Pro Stück ca.: 310 kcal

1 | Süßkartoffel waschen und 30 Min. kochen. Pellen und mit einer Gabel zerdrücken.

2 | Kuvertüre hacken und über dem Wasserbad schmelzen. Ofen auf 180° (Umluft 160°) vorheizen. Blech fetten, kalt stellen. Mehl, Zucker, Backpulver, Salz und Gewürze mischen.

3 | Eier verquirlen. Süßkartoffelpüree, Butter, flüssige Kuvertüre und Milch unterrühren. Mehlmischung und Rosinen unterrühren.

4 | Teig in die Vertiefungen der Form füllen. Im Backofen (Mitte) 25 Min. backen. 5 Min. ruhen lassen, vorsichtig herauslösen und auskühlen lassen. Mit Puderzucker bestäubt servieren.

erfrischend | preiswert

# Rhabarber-Muffins

FÜR 12 STÜCK

➤ 175 g Rhabarber
185 g Zucker
300 g Mehl
1 TL Backpulver
Salz
1 Ei
175 g weiche Butter
1 EL Puderzucker
Fett für die Form

🕐 Zubereitung: 40 Min.
🕐 Backzeit: 30 Min.
➤ Pro Stück ca.: 270 kcal

1 | Rhabarber waschen, putzen und in sehr kleine Würfel schneiden. Rhabarberwürfel mit 30 g Zucker mischen und ziehen lassen.

2 | Backofen auf 180° (Umluft 160°) vorheizen. Muffinblech fetten und kalt stellen. 200 g Mehl, 125 g Zucker, Backpulver und 1/4 TL Salz in einer Schüssel mischen.

3 | Ei in einer zweiten Schüssel verquirlen. 125 g Butter unterrühren. Die Mehlmischung unterrühren. Rhabarberwürfel unterheben.

4 | Teig in die Vertiefungen der Form füllen. Restliches Mehl, übrigen Zucker, 1 Prise Salz und restliche Butter zu Streuseln verarbeiten. Auf dem Teig verteilen. Im Backofen (Mitte) 25 Min. backen.

5 | Muffins 5 Min. ruhen lassen, dann aus der Form lösen und auskühlen lassen. Mit Puderzucker bestäuben.

Muffin-Klassiker

# Blaubeer-Muffins

FÜR 12 STÜCK

- ➤ 200 g frische oder tiefgefrorene Blaubeeren (nicht auftauen)
- 250 g Mehl
- 175 g Zucker
- 2 TL Backpulver
- 1/4 TL Salz
- 2 Eier
- 100 g weiche Butter
- 100 ml Milch
- 75 g Puderzucker
- Fett für die Form

- ⏱ Zubereitung: 25 Min.
- ⏱ Backzeit: 25 Min.
- ➤ Pro Stück ca.: 240 kcal

1 | Frische Beeren waschen und verlesen. Backofen auf 180° (Umluft 160°) vorheizen. Muffinblech fetten und kalt stellen. Mehl, Zucker, Backpulver und Salz mischen.

2 | Eier verquirlen. Butter hinzufügen und verrühren. Milch darunter rühren. Die Mehlmischung zügig unterrühren. 180 g Blaubeeren unterheben.

3 | Teig in die Vertiefungen der Form füllen. Im Backofen (Mitte) 25 Min. backen. Muffins 5 Min. ruhen lassen, aus der Form lösen und auf einem Kuchengitter auskühlen lassen.

4 | Restliche Beeren durch ein feines Sieb streichen. Puderzucker und Fruchtpüree verrühren, evtl. etwas Wasser zufügen. Guss auf die Muffins streichen.

kinderleicht | preiswert

# Apfel-Zimt-Muffins

FÜR 12 STÜCK

- ➤ 250 g säuerliche Äpfel
- 1 EL Zitronensaft
- 200 g Mehl
- 175 g Zucker
- 1 TL Backpulver
- 1/2 TL Natron
- 2 TL Zimtpulver
- 1/4 TL Salz
- 2 Eier
- 150 g weiche Butter
- 7 EL Milch
- 1 EL Puderzucker
- Fett für die Form

- ⏱ Zubereitung: 25 Min.
- ⏱ Backzeit: 25 Min.
- ➤ Pro Stück ca.: 240 kcal

1 | Äpfel waschen, schälen, vierteln und Kerngehäuse entfernen. Apfelviertel in kleine Stücke schneiden. Mit dem Zitronensaft beträufeln.

2 | Backofen auf 180° (Umluft 160°) vorheizen. Ein Muffinblech fetten und kalt stellen. Mehl, Zucker, Backpulver, Natron, Zimt und Salz in einer Schüssel mischen.

3 | Eier verquirlen. Butter hinzufügen und gründlich unterrühren. Milch darunter rühren. Die Mehlmischung zügig unterrühren. Apfelstücke unterheben.

4 | Teig in die Vertiefungen der Form füllen. Im Backofen (Mitte) 25 Min. backen. Muffins 5 Min. ruhen lassen, dann aus der Form lösen und auskühlen lassen.

5 | Muffins vor dem Servieren dick mit Puderzucker bestäuben.

brauchen etwas Zeit

# Donuts mit Zuckerguss

FÜR 12 STÜCK

➤ 300 ml Milch
20 g frische Hefe
50 g Zucker | 1/4 TL Salz
1/4 TL ger. Muskatnuss
1/4 TL Zimtpulver
1 Ei
40 g Butter | 275 g Mehl
1 kg Frittierfett
150 g Puderzucker
3 EL Zitronensaft
bunte Zuckerstreusel oder
Zuckerkonfetti

🕐 Zubereitung: 1 Std.
🕐 Ruhezeit: 30 Min.
➤ Pro Stück ca.: 250 kcal

1 | Die Milch lauwarm erwärmen. In 100 ml davon die Hefe und 1 TL Zucker auflösen, 10 Min. gehen lassen.

2 | Restliche Milch, übrigen Zucker, Salz, Muskat, Zimt, Ei, Butter und Mehl zur Hefemilch geben und alles verkneten. An einem warmen Ort 30 Min. gehen lassen.

3 | Frittierfett in einem hohen Topf oder einer Fritteuse erhitzen (s. S. 65). Teig zu 12 gleich großen Kugeln formen und 10 Min. ruhen lassen. Dann mit bemehltem Finger durch die Mitte jeder Teigkugel ein Loch bohren und mit kreisenden Bewegungen erweitern, so dass ein Ring entsteht. Ringe flacher drücken, portionsweise im heißen Fett in 2 Min. von jeder Seite goldbraun frittieren. Donuts mit einer

Schaumkelle herausheben und auf Küchenpapier abtropfen lassen.

4 | Puderzucker mit dem Zitronensaft zu einem glatten Guss verrühren. Die Donuts damit bestreichen. Zuckerstreusel oder -konfetti darauf streuen. Den Guss trocknen lassen.

**TIPP**
Sie können die Donuts auch anders formen: Teig ausrollen, mit Hilfe von 2 Ausstechformen (Ø 10 und 3 cm) Ringe ausstechen. Übrigen Donutteig wieder verkneten, ausrollen und ausstechen.

**1** **Teig kneten**
*Verkneten Sie alle Zutaten wie beschrieben zu einem lockeren Hefeteig.*

**2** **Loch formen**
*Das Formen der Löcher geht gut mit etwas Geduld und einem bemehlten Zeigefinger.*

**3** **Ringe frittieren**
*Geben Sie nur so viele Donuts in das erhitzte Fett, wie bequem nebeneinander passen.*

mit Schuss | preiswert

# Donuts mit Eierlikörguss

FÜR 12 STÜCK

➤ 100 ml Milch
20 g frische Hefe
50 g Zucker | 1/4 TL Salz
1/4 TL Zimtpulver
1 Ei
40 g Butter | 275 g Mehl
1 kg Frittierfett
125 g Puderzucker
3 EL Eierlikör
30 g gehackte Pistazien

🕐 Zubereitung: 1 Std.
➤ Pro Stück ca.: 250 kcal

1 | Milch lauwarm erwärmen, Hefe darin auflösen. 1 TL Zucker zufügen und alles zugedeckt 10 Min. gehen lassen.

2 | Übrigen Zucker, Salz, Zimt, Ei, Butter und Mehl zur Hefemilch geben und alles glatt verkneten. Zugedeckt 30 Min. gehen lassen.

3 | Frittierfett auf 180° erhitzen (s. S. 65). Teig zu 12 Kugeln formen, 10 Min. ruhen lassen. Mit bemehltem Finger in der Mitte jeder Teigkugel ein Loch bohren und mit kreisenden Bewegungen erweitern, so dass ein Ring entsteht. Donuts 2 Min. von jeder Seite frittieren. Herausheben und auf Küchenpapier abtropfen lassen.

4 | Puderzucker und Likör verrühren. Donuts damit bestreichen. Pistazien auf den feuchten Guss streuen.

erfrischend anders

# Donuts mit Pink-Grapefruit-Creme

FÜR 12 STÜCK

➤ 100 ml Milch
20 g frische Hefe
50 g Zucker | 1/4 TL Salz
1/4 TL gemahlener Kardamom
1 Ei | 40 g Butter
275 g Mehl
1 kg Frittierfett
2 Pink Grapefruits
300 g Doppelrahm-Frischkäse
50 g Puderzucker

🕐 Zubereitung: 1 Std.
➤ Pro Stück ca.: 280 kcal

1 | Wie im nebenstehenden Rezept beschrieben, aus lauwarmer Milch, Hefe, Zucker, Salz, Kardamom, Ei, Butter und Mehl den Teig zubereiten und gehen lassen.

2 | Frittierfett auf 180° erhitzen (s. S. 65). Teig zu 12 Kugeln formen und 10 Min. ruhen lassen. Mit bemehltem Finger in der Mitte jeder Teigkugel ein Loch bohren und mit kreisenden Bewegungen erweitern, so dass ein Ring entsteht. Donuts 2 Min. von jeder Seite frittieren. Herausheben und auf Küchenpapier abtropfen lassen.

3 | Grapefruits schälen, weiße Haut mit entfernen. Filets aus dem Trennhäuten herausschneiden, Saft dabei auffangen. Frischkäse, 5 EL Saft und Puderzucker glatt verrühren.

4 | Donuts waagerecht halbieren. Untere Hälften mit dem Frischkäse bestreichen. Grapefruitfilets trockentupfen und darauf verteilen. Obere Hälften darauf setzen.

raffiniert | preiswert

# Brioche-Donuts mit Nussglasur

FÜR 12 STÜCK

- ➤ **30 g frische Hefe**
  **375 g Mehl**
  **1 EL Zucker**
  **1 TL Salz | 5 Eier**
  **175 g weiche Butter**
  **1 kg Frittierfett**
  **100 g Haselnussglasur**

- 🕐 Zubereitung: 1 Std.
- 🕐 Ruhezeit: 1 Std.
- 🕐 Kühlzeit: 12 Std.
- ➤ Pro Stück ca.: 300 kcal

**1** | Hefe in 2 EL warmem Wasser auflösen. Mehl, Zucker, Salz und Eier dazugeben und alles mit den Händen in 8 Min. zu einem weichen Teig verarbeiten. Hände zwischendurch mit Mehl bestäuben. Zugedeckt 1 Std. gehen lassen.

**2** | Butter mit den Händen unter den Teig kneten, 3 Min. durcharbeiten, bis der Teig glänzt. Brioteig in eine große, geölte Schüssel geben. Zugedeckt über Nacht kalt stellen.

**3** | Frittierfett auf 180° erhitzen (s. S. 65). Teig auf bemehlter Fläche 1 cm dick ausrollen und Ringe (s. Tipp Seite 32) ausstechen. Donuts 2 Min. von jeder Seite frittieren. Herausheben und auf Küchenpapier abtropfen lassen.

**4** | Glasur nach Packungsanweisung schmelzen. Donuts damit bestreichen.

der Hit für Kinder

# Schoko-Donuts

FÜR 12 STÜCK

- ➤ **100 ml Milch**
  **20 g frische Hefe**
  **50 g Zucker**
  **1/4 gestr. TL Salz**
  **1/4 TL Zimtpulver**
  **1 Ei | 40 g Butter**
  **250 g Mehl**
  **1 EL Kakaopulver**
  **1 kg Frittierfett**
  **150 g Zartbitter-Schokolade**
  **75 g Puderzucker**

- 🕐 Zubereitung: 1 Std.
- 🕐 Ruhezeit: 40 Min.
- ➤ Pro Stück ca.: 270 kcal

**1** | Milch lauwarm erwärmen, Hefe darin auflösen. 1 TL Zucker zufügen und alles zugedeckt 10 Min. gehen lassen.

**2** | Übrigen Zucker, Salz, Zimt, Ei, Butter, Mehl und Kakao zur Hefemilch geben und alles glatt verkneten. Zugedeckt an einem warmen Ort 30 Min. gehen lassen.

**3** | Frittierfett in einem hohen Topf oder einer Fritteuse auf 180° erhitzen (s. S. 65). Teig zu 12 gleich großen Kugeln formen und kurz ruhen lassen. Dann mit bemehltem Finger auf bemehlter Arbeitsfläche durch die Mitte jeder Teigkugel ein Loch bohren und mit kreisenden Bewegungen erweitern, so dass ein Ring entsteht. Ringe flacher drücken. Donuts 2 Min. von jeder Seite frittieren. Herausheben und auf Küchenpapier abtropfen lassen.

**4** | Schokolade hacken. Mit 4 EL Wasser und Puderzucker in einem Topf unter ständigem Rühren schmelzen lassen. Etwas abkühlen lassen. Donuts zur Hälfte eintauchen. Guss fest werden lassen.

# Saftige Kuchen

»This cake is rich, rich, rich!« sagen die Amerikaner: »Dieser Kuchen ist herrlich mächtig!« Kein Wunder, ihr Cheesecake ist quasi der »reiche Onkel« unseres Käsekuchens aus Quark: cremiger und üppiger. Der verwendete Frischkäse steuert außerdem eine leicht salzige Note bei, die die süße Torte erst so richtig interessant macht. Dieser Genuss ist definitiv eine Sünde wert – und das nicht nur zum Nachmittagskaffee, sondern auch gekühlt als Dessert. Da wird der Nachtisch leicht zur Hauptsache!

# Blitzrezepte

## Karamell-Cheesecake

FÜR 1 SPRINGFORM (26 CM Ø)

➤ 150 g Butterkekse | 120 g Butter
75 g gehackte Erdnüsse | 160 g Zucker
1 Eigelb | 4 Eier | 250 g Crème fraîche
800 g Doppelrahm-Frischkäse
2 EL Orangensaft | Fett für die Form

1 | Form fetten. Kekse zerbröseln. 90 g
Butter schmelzen, mit Nüssen mischen
und in die Form drücken, dabei einen
3 cm hohen Rand formen. Kalt stellen.
Ofen auf 180° vorheizen. 100 g Zucker,
Eigelb, Eier, Crème fraîche und Frischkäse
glatt rühren. In der Form verstreichen.
Rest Zucker karamellisieren (s. S. 65), Saft
zugießen. Übrige Butter darin schmelzen.
Auf dem Kuchen verteilen, mit einem
Spießchen verrühren. Kuchen im Ofen
(Mitte) 50 Min. backen.

## Kokos-Cheesecake

FÜR 1 SPRINGFORM (26 CM Ø)

➤ 200 g Kokoszwieback | 100 g Butter
130 g brauner Zucker | 1 Dose Ananas
(580 g) | 4 Eier | 800 g Doppelrahm-
Frischkäse | 200 g ungesüßte Kokos-
creme (Dose) | abger. Schale und Saft
1 unbeh. Zitrone | 1 Stück frische
Kokosnuss | Fett für die Form

1 | Form fetten. Zwieback zerbröseln. But-
ter schmelzen. Beides mit 30 g Zucker
mischen, als Boden in die Form drücken,
kühlen. Ofen auf 180° vorheizen. Ananas
klein schneiden. Eier, 100 g Zucker, Käse,
Kokoscreme, Zitronenschale und -saft
glatt rühren. Mit Ananas in die Form
schichten. Im Ofen (Mitte) 50 Min. backen, auskühlen lassen. Kokosnuss in
Späne hobeln, auf den Kuchen streuen.

lauwarm am besten

# Apple Pie

FÜR 1 PIEFORM (28 CM Ø)

- **330 g Mehl**
  **120 g Zucker | Salz**
  **175 g kalte Butter**
  **750 g Äpfel**
  **1/2 TL Zimtpulver**
  **1/4 TL frisch geriebene Muskatnuss**
  **1 Eigelb | 1 EL Milch**
  **Fett für die Form**

- ⏱ Zubereitung: 50 Min.
- ⏱ Kühlzeit: 1 Std.
- ⏱ Backzeit: 45 Min.
- Bei 12 Stück pro Stück ca.: 280 kcal

1 | 300 g Mehl, 20 g Zucker, 1/4 TL Salz, 150 g Butter in Stückchen und 4 EL eiskaltes Wasser verkneten. Teig zugedeckt 1 Std. kalt stellen. Die Pieform fetten.

2 | Zwei Drittel des Teigs rund ausrollen und die Form damit auslegen. Teig einstechen, kalt stellen.

3 | Äpfel waschen, schälen, vierteln, entkernen und in feine Spalten schneiden.

Backofen auf 200° vorheizen. Restlichen Zucker, übriges Mehl, Zimt und Muskat mischen, Äpfel darunter heben, in die Form geben. Übrige Butter darauf verteilen.

4 | Restlichen Teig in Formgröße ausrollen und auf die Füllung legen. Den Teig an den Rändern zusammendrücken und 2 Löcher (Ø 1 cm) in den Deckel stechen.

5 | Eigelb und Milch verquirlen. Teig damit bestreichen. Im Ofen (Mitte, Umluft 180°) 45 Min. backen.

Prachtstück im Herbst

# Pumpkin Pie

FÜR 1 PIEFORM (28 CM Ø)

- **200 g Mehl**
  **120 g brauner Zucker**
  **Salz | 125 g kalte Butter**
  **1 kg Kürbis (750 g Fruchtfleisch)**
  **175 g Sahne**
  **4 Eier**
  **1 TL gemahlener Ingwer**
  **1/2 TL Zimtpulver**
  **1/4 TL gemahlener Koriander**
  **Fett für die Form**

- ⏱ Zubereitung: 1 Std.
- ⏱ Kühlzeit: 1 Std.
- ⏱ Backzeit: 2 Std.
- Bei 12 Stück pro Stück ca.: 260 kcal

1 | Mehl, 20 g Zucker, 1/2 TL Salz, Butter und 2 EL Wasser verkneten. 1 Std. kalt stellen.

2 | Backofen auf 200° vorheizen. Kürbis entkernen, schälen und in Spalten schneiden. In einer flachen Auflaufform im Ofen (Mitte, Umluft 180°) 1 Std. backen. Fruchtfleisch pürieren.

3 | Zwei Drittel des Teigs ausrollen, in die Form legen, mehrmals einstechen. Im heißen Ofen (Mitte) 10 Min. backen.

4 | Restlichen Zucker, Sahne, Eier, Ingwer, Zimt, Koriander und 1 Prise Salz verquirlen. Kürbispüree unterrühren. Restlichen Teig als Rand innen an die Pieform drücken. Kürbismasse in die Form geben. Im heißen Ofen (Mitte) in 45 Min. goldbraun backen.

*im Bild vorne:* **Pumpkin Pie**   *im Bild hinten:* **Apple Pie** ➤

raffiniert | erfrischend

# Key Lime Pie

FÜR 1 PIEFORM (28 CM Ø)

- ➤ **250 g Vollkornkekse (z. B. Haferkekse)**
- **100 g Butter | 5 Eier**
- **600 g gezuckerte Kondensmilch (z. B. Milchmädchen)**
- **abgeriebene Schale von 1 unbehandelten Limette**
- **175 ml Limettensaft**
- **Salz**
- **250 g Zucker**
- **Fett für die Form**

🕑 Zubereitung: 45 Min.
🕑 Backzeit: 45 Min.
➤ Bei 12 Stück pro Stück ca.: 430 kcal

1 | Backofen auf 200° (Umluft 180°) vorheizen. Form fetten. Kekse in einen großen Gefrierbeutel geben und mit einem Nudelholz zerbröseln. Butter schmelzen und mit den Bröseln verkneten. Masse in die Form geben, flach drücken, dabei einen 3 cm hohen Rand formen. Im Ofen (Mitte) 8 Min. backen.

2 | Eier trennen. Eigelbe, Kondensmilch, Limettenschale und -saft verquirlen. Masse in die Form geben. Im Backofen (Mitte, Umluft 180°) 15 Min. backen.

3 | Eiweiße und 1/2 TL Salz steif schlagen. Zucker unter Rühren langsam einrieseln lassen und weiter rühren, bis der Eischnee glänzt und sich der Zucker gelöst hat. Eischnee locker auf der vorgebackenen Creme verteilen, dabei einen 2 cm breiten Rand frei lassen. Bei gleicher Temperatur 20 Min. weiterbacken. Auskühlen lassen.

für Gäste

# New York Cheesecake

FÜR 1 SPRINGFORM (26 CM Ø)

- ➤ **150 g Vollkornkekse (z. B. Haferkekse)**
- **50 g Butter**
- **800 g Doppelrahm-Frischkäse**
- **200 g saure Sahne**
- **150 g Zucker**
- **1 Pck. Vanillezucker**
- **4 Eier**
- **40 g Speisestärke**
- **Fett für die Form**

🕑 Zubereitung: 45 Min.
🕑 Backzeit: 1 Std.
➤ Bei 12 Stück pro Stück ca.: 380 kcal

1 | Backofen auf 180° vorheizen. Form fetten. Kekse in einen Gefrierbeutel geben und zerbröseln. Butter schmelzen und mit den Bröseln verkneten. Masse in die Form geben, als Boden flach drücken. Im Backofen (Mitte, Umluft 160°) 10 Min. backen.

2 | Inzwischen Frischkäse, saure Sahne, Zucker und Vanillezucker glatt verrühren. Eier einzeln unterrühren. Stärke kurz unterziehen.

3 | Masse auf den Kuchenboden geben. Im Backofen (Mitte) bei gleicher Temperatur 1 Std. backen. Käsekuchen mit einem Messer vom Rand lösen und auskühlen lassen.

**TIPP** Den Käsekuchen können Sie auch schon am Vortag backen und über Nacht im Kühlschrank zugedeckt kalt stellen.

*im Bild links:* **New York Cheesecake**    *im Bild rechts:* **Key Lime Pie** ➤

saftig | aromatisch

# Mohn-Cheesecake

FÜR 1 SPRINGFORM
(26 CM ⌀)

➤ **200 g Mehl | 125 g Butter**
**150 g Zucker | Salz**
**4 Eier**
**1 Pck. Vanillezucker**
**1 kg Doppelrahm-Frischkäse**
**20 g Speisestärke**
**50 g gemahlener Mohn**
**Fett für die Form**

🕐 Zubereitung: 1 Std.
🕐 Backzeit: 55 Min.
➤ Bei 16 Stück pro Stück ca.:
360 kcal

1 | Mehl, Butter, 50 g Zucker,
2 EL kaltes Wasser und Salz
verkneten. 1 Std. kalt stellen.

2 | Ofen auf 180° (Umluft
160°) vorheizen. Form fetten.
Zwei Drittel des Teigs ausrollen, in die Form legen. Mehrmals einstechen. Im Ofen
(unten) 15 Min. vorbacken.

3 | Eier, Salz, Vanillezucker
und restlichen Zucker verquirlen. Käse und Stärke darunter rühren. Creme halbieren, Mohn unter eine Hälfte
rühren. Ofen auf 180° vorheizen.

4 | Restlichen Teig als Rand
innen an die Pieform drücken. Beide Cremes esslöffelweise einfüllen. Im Backofen
(Mitte, Umluft 160°) 50 Min.
backen. Auskühlen lassen.

raffiniert | fruchtig

# Himbeer-Cheesecake

FÜR 1 SPRINGFORM
(26 CM ⌀)

➤ **200 g Mehl | 125 g Butter**
**150 g Zucker | Salz**
**500 g Himbeeren**
**6 Eier**
**800 g Doppelrahm-Frischkäse**
**200 g saure Sahne**
**1 TL abgeriebene Zitronenschale**
**2 EL Zitronensaft**
**1 EL Puderzucker**
**Fett für die Form**

🕐 Zubereitung: 45 Min.
🕐 Backzeit: 50 Min.
➤ Bei 16 Stück pro Stück ca.:
340 kcal

1 | Mehl, Butter, 50 g Zucker,
2 EL kaltes Wasser und Salz
verkneten. 1 Std. kalt stellen.

2 | Ofen auf 180° (Umluft
160°) vorheizen. Form fetten.
Zwei Drittel des Teigs ausrollen, in die Form legen. Im
Ofen (unten) 15 Min. backen,
leicht abkühlen lassen.

3 | 250 g Himbeeren durch
ein Sieb streichen. 5 Eier,
1/4 TL Salz und übrigen Zucker verquirlen. Käse, Sahne,
Zitronenschale und -saft
unterrühren. Die Creme
halbieren, übriges Ei und
Himbeerpüree unter eine
Hälfte rühren.

4 | Ofen auf 180° vorheizen.
Restlichen Teig als Rand
innen an die Form drücken.
Rosa Creme hineingeben,
helle Creme darauf verteilen,
glatt streichen. Die Cremes
mit einem Stäbchen marmorieren. Im Backofen (Umluft 160°) 50 Min. backen.
Auskühlen lassen. Mit restlichen Himbeeren und Puderzucker verzieren.

saftig | für Gäste

# Macadamia-Kuchen

FÜR 1 KASTENFORM
(30 CM LÄNGE)

➤ 200 g Macadamia-
  nusskerne

250 g Edelbitter-Schoko-
lade (60 % Kakao)

250 g Butter

200 g brauner Zucker

2 Pck. Vanillezucker

1/2 TL Salz

6 Eier

300 g Mehl

1 TL Backpulver

100 g Puderzucker

Fett für die Form

⏱ Zubereitung: 1 Std. 30 Min.
⏱ Backzeit: 50 Min.
➤ Bei 20 Stück pro Stück ca.:
  360 kcal

1 | Nüsse hacken. 200 g Scho-
kolade über dem Wasserbad
schmelzen. Ofen auf 180°
vorheizen. Form fetten. 200 g
Butter, Zucker, 1 Vanillezucker und Salz schaumig
rühren. 5 Eier nacheinander
unterrühren. Flüssige Schokolade unterziehen. Mehl
und Backpulver mischen, mit
Nüssen kurz unterrühren.

2 | Den Teig in die Form strei-
chen. Im Backofen (Mitte,
Umluft 160°) 50 Min. backen.
Auskühlen lassen.

3 | Die restliche Schokolade
schmelzen. Restliche Butter,
übriges Ei, Vanillezucker und
Puderzucker cremig rühren.
Schokolade unterziehen. Auf
den Kuchen streichen. Einige
Stunden trocknen lassen.

für Schokoholics

# Chocolate Fudge Pie

FÜR 1 PIEFORM (28 CM ⌀)

➤ 200 g Mehl

240 g brauner Zucker

Salz | 225 g Butter

150 g Edelbitter-Schoko-
lade (60 % Kakao)

4 Eier

1 Pck. Vanillezucker

7 EL Milch

1 EL brauner Rum

200 g Sahne

Fett für die Form

⏱ Zubereitung: 1 Std.
⏱ Kühlzeit: 1 Std.
⏱ Backzeit: 50 Min.
➤ Bei 12 Stück pro Stück ca.:
  430 kcal

1 | Mehl, 20 g Zucker, 1/4 TL
Salz, 125 g Butter und 2 EL
kaltes Wasser verkneten. Zugedeckt 1 Std. kalt stellen.

2 | Ofen auf 200° (Umluft
180°) vorheizen. Form fetten.
Zwei Drittel des Teigs ausrollen, als Boden in die Form
legen, mehrmals einstechen
und im Backofen (Mitte)
10 Min. backen. Abkühlen
lassen.

3 | Schokolade hacken. Mit
restlicher Butter unter Rühren schmelzen, abkühlen.

4 | Die Eier schaumig rühren.
200 g Zucker, Vanillezucker,
Milch und Rum nach und
nach unterrühren. Flüssige
Schoko-Butter unterrühren.

5 | Ofen auf 180° vorheizen.
Restlichen Teig als Rand
innen an die Pieform drü-
cken. Masse in die Form
geben. Im Backofen (Mitte,
Umluft 160°) 35 Min. backen.
Auskühlen lassen. Sahne und
übrigen Zucker steif schlagen.
Auf dem ausgekühlten
Kuchen verteilen.

# Pikantes Gebäck

Genug Süßes genascht – jetzt muss ein herzhafter Snack her! Bagels halbieren, toasten, belegen… hmm! Natürlich können Sie fertig gekaufte einfach nach unseren Vorschlägen füllen. Aber wenn Sie ein bisschen mehr Zeit haben, gönnen Sie sich doch mal den Duft frisch gebackener Bagels, der aus dem Backofen durch die ganze Wohnung zieht. Den ersten Biss in einen noch warmen Teigkringel, pur oder einfach mit Frischkäse bestrichen. Und eine genussvolle Pause mit einem Becher Kaffee und der Zeitung.

# Blitzrezepte

## Mais-Pesto-Muffins

FÜR 12 STÜCK

➤ 100 g getrocknete Tomaten (in Öl)
75 g Butter | 250 g Mehl | 2 TL Back-
pulver | 1 TL Salz | 125 g Maisgrieß
3 Eier | 200 ml Milch | 2 EL Pesto
(Glas) | 2 Tomaten | 150 g Mozzarella
2 Stiele Basilikum | Fett für das Blech

1 | Tomaten würfeln. Butter schmelzen.
Backofen auf 180° (Umluft 160°) vorheizen. Blech fetten. Mehl, Backpulver, Salz
und Grieß mischen. Eier, Milch und Pesto
verquirlen. Mit Butter, Mehlmischung
und Tomaten mischen. Teig in die Vertiefungen füllen. Im Backofen 35 Min.
(Mitte) backen. Tomaten und Mozzarella
in Scheiben schneiden. Nach 20 Min. auf
den Muffins verteilen. Mit Basilikum gar-
niert servieren.

## Cajun-Muffins

FÜR 12 STÜCK

➤ 1 rote Paprikaschote | 200 g Mehl
2 TL Backpulver | Salz | 2 TL Cajun-
Gewürzmischung (s. S. 58) | 3 Eier
200 ml Milch | 5 EL Öl | 200 g gekochte
Shrimps (ohne Schale) | 250 g Express-
Langkornreis | 12 Papierförmchen

1 | Backofen auf 180° (Umluft 160°) vor-
heizen. Papierförmchen in die Form setzen. Paprika putzen, waschen und fein
würfeln. Mehl, Backpulver, 1/2 TL Salz
und Cajun-Gewürz mischen. Eier, Milch
und Öl verquirlen. Mit dem Mehlgemisch,
Paprika, Shrimps und Reis mischen.

2 | Teig in die Förmchen füllen. Im Back-
ofen (Mitte) 40 Min. backen.

Klassiker | pikant

# Sesam-Bagels mit Roastbeef

FÜR 12 STÜCK

➤ 20 g frische Hefe

375 g Mehl

1 EL Zucker | Salz

1 Ei

40 g geschälte Sesamsamen

einige Blätter Radicchio

150 g Mayonnaise

150 g Gurkensalat »Dänische Art« (Glas)

24 Scheiben Roastbeef-Aufschnitt

Fett für das Blech

🕐 Zubereitung: 1 Std.

🕐 Ruhezeit: 45 Min.

🕐 Backzeit: 25 Min.

➤ Pro Stück ca.: 290 kcal

1 | Hefe in 1/4 l lauwarmem Wasser auflösen, mit Mehl, Zucker und 1 TL Salz 5 Min. verkneten. Zugedeckt 45 Min. gehen lassen. Blech fetten.

2 | Teig zu 12 Kugeln formen, 10 Min. ruhen lassen. Ofen auf 200° (Umluft 180°) vorheizen. Mit einem Finger ein Loch in die Teigkugeln drücken, mit kreisenden Bewegungen erweitern. Bagels in siedendem Salzwasser 1 Min. ziehen lassen, dabei einmal wenden. Auf das Blech heben. Bagels mit verquirltem Ei bestreichen, in den Sesam drücken. Im Ofen (Mitte, Umluft 180°) 25 Min. backen.

3 | Salat waschen, zerzupfen. Ausgekühlte Bagels halbieren, untere Hälften mit Mayonnaise bestreichen. Mit Salat, Gurkenscheiben und Roastbeef belegen. Deckel auflegen.

raffiniert | für Gäste

# Roggen-Bagels mit Bluecheese

FÜR 12 STÜCK

➤ 20 g frische Hefe

200 g Mehl

175 g Roggenmehl (Type 1150)

1 EL Zucker | Salz

1 Ei

100 g Gorgonzola

200 g Doppelrahm-Frischkäse

Pfeffer, frisch gemahlen

100 g Staudensellerie

200 g blaue Trauben

Fett für das Blech

🕐 Zubereitung: 1 Std.

🕐 Ruhezeit: 45 Min.

🕐 Backzeit: 25 Min.

➤ Pro Stück ca.; 200 kcal

1 | Hefe in 1/4 l lauwarmem Wasser auflösen, mit Mehlen, Zucker und 1 TL Salz 5 Min. verkneten. Teig 45 Min. gehen lassen. Blech fetten.

2 | Teig zu 12 Kugeln formen, 10 Min. ruhen lassen. Ofen auf 200° (Umluft 180°) vorheizen. In die Teigkugeln ein Loch drücken und mit kreisenden Bewegungen erweitern. Bagels in siedendem Salzwasser 1 Min. ziehen lassen, dabei einmal wenden. Auf das Blech heben, mit verquirltem Ei bestreichen. Im Ofen (Mitte) 25 Min. backen.

3 | Käse zerdrücken und mit Frischkäse glatt rühren. Salzen und pfeffern. Sellerie putzen, waschen, in Scheiben schneiden. Trauben waschen, halbieren und entkernen. Bagels waagerecht halbieren, beide Hälften mit Creme bestreichen. Sellerie und Trauben auf die unteren Hälften verteilen. Deckel auflegen.

brauchen etwas Zeit

# Bagels mit Tunfischcreme

FÜR 12 STÜCK

➤ **20 g frische Hefe**
**375 g Mehl**
**1 EL Zucker | Salz | 1 Ei**
**1 Dose Tunfisch naturell
(135 g Abtropfgewicht)**
**200 g Doppelrahm-
Frischkäse**
**Cayennepfeffer**
**einige Blätter Römersalat**
**1 Beet Kresse**
**Fett für das Blech**

🕐 Zubereitung: 1 Std.
🕐 Ruhezeit: 55 Min.
🕐 Backzeit: 25 Min.
➤ Pro Stück ca.: 180 kcal

1 | Hefe in 1/4 l lauwarmem Wasser auflösen, mit Mehl, Zucker und Salz 5 Minuten verkneten. Zugedeckt 45 Min. gehen lassen. Blech fetten.

2 | Teig zu 12 Kugeln formen, 10 Min. ruhen lassen. Ofen auf 200° (Umluft 180°) vorheizen. Mit einem Finger ein Loch in die Teigkugeln drücken, mit kreisenden Bewegungen erweitern. Bagels in siedendem Salzwasser 1 Min. ziehen lassen, dabei einmal wenden. Auf das Blech heben, mit verquirltem Ei bestreichen. Im Ofen (Mitte) 25 Min. backen.

3 | Abgetropften Fisch mit Käse pürieren. Mit Salz und Cayennepfeffer würzen. Salat waschen, streifig schneiden. Bagels halbieren, untere Hälften mit Creme bestreichen. Salat und Kresse darauf verteilen. Deckel auflegen.

preiswert | würzig

# Bacon-Bagels mit Tomaten

FÜR 12 STÜCK

➤ **20 g frische Hefe**
**300 g Bacon | 375 g Mehl**
**1 EL Zucker | Salz | 1 Ei**
**50 g Sonnenblumenkerne**
**6 Tomaten**
**einige Blätter Kopfsalat**
**60 g Butter**
**Fett für das Blech**

🕐 Zubereitung: 1 Std.
🕐 Ruhezeit: 55 Min.
🕐 Backzeit: 25 Min.
➤ Pro Stück ca.: 350 kcal

1 | Hefe in 1/4 l lauwarmem Wasser auflösen. 100 g Bacon fein schneiden, knusprig braten. Bacon, Bratfett, Mehl, Zucker und 1/2 TL Salz zum Hefewasser geben, 5 Min. verkneten. 45 Min. gehen lassen.

2 | Teig zu 12 Kugeln formen, 10 Min. ruhen lassen. Ofen auf 200° (Umluft 180°) vorheizen. Blech fetten. Ein Loch in die Teigkugeln drücken, mit kreisenden Bewegungen erweitern. Bagels in siedendem Salzwasser 1 Min. ziehen lassen, dabei einmal wenden. Auf das Blech heben, mit verquirltem Ei bestreichen. Im Backofen (Mitte) 25 Min. backen.

3 | Sonnenblumenkerne trocken rösten. Restlichen Bacon knusprig braten. Tomaten waschen, putzen und in Scheiben schneiden. Salat waschen, abtropfen lassen und zerzupfen.

4 | Bagels halbieren, untere Hälften mit Butter bestreichen. Salat, Tomaten und Bacon darauf legen. Kerne darauf streuen. Deckel auflegen.

vegetarisch | pikant
# Oliven-Bagels mit Rucola

FÜR 12 STÜCK

- ➤ 100 g schwarze Oliven (ohne Stein)
  20 g frische Hefe
  375 g Mehl
  1 EL Zucker | Salz
  4 EL Olivenöl | 1 Ei
  150 g getrocknete Tomaten (in Öl)
  250 g Mozzarella
  75 g Rucola
  60 g Butter | Pfeffer
  Fett für das Blech

- ○ Zubereitung: 1 Std.
- ○ Ruhezeit: 55 Min.
- ○ Backzeit: 25 Min.
- ➤ Pro Stück ca.: 290 kcal

1 | Oliven hacken. Die Hefe in 200 ml warmem Wasser auflösen, mit Oliven, Mehl, Zucker, 1 TL Salz und Öl 5 Min. verkneten. Zugedeckt 45 Min. gehen lassen.

2 | Teig zu 12 Kugeln formen, 10 Min. ruhen lassen. Ofen auf 200° (Umluft 180°) vorheizen. Blech fetten. Ein Loch in die Teigkugeln drücken,

mit kreisenden Bewegungen erweitern. Bagels in siedendem Salzwasser 1 Min. ziehen lassen, dabei einmal wenden. Auf das Blech heben, mit verquirltem Ei bestreichen. Im Backofen (Mitte) 25 Min. backen.

3 | Tomaten in Streifen, Mozzarella in Scheiben schneiden. Rucola waschen, abtropfen lassen, Stiele kürzen. Bagels halbieren, untere Hälften buttern. Zutaten darauf verteilen, pfeffern. Deckel auflegen.

raffiniert | mit Biss
# Nuss-Bagels mit Hähnchen

FÜR 12 STÜCK

- ➤ 20 g frische Hefe
  375 g Mehl
  1 EL Zucker | Salz
  150 g Haselnusskerne
  1 Ei
  250 g Hähnchenbrustfilet
  2 EL Öl | Pfeffer
  100 g Mayonnaise
  1 EL Orangensaft
  einige Blätter Eisbergsalat
  30 g Alfalfasprossen
  Fett für das Blech

- ○ Zubereitung: 1 Std.
- ○ Ruhezeit: 55 Min.
- ○ Backzeit: 25 Min.
- ➤ Pro Stück ca.: 300 kcal

1 | Hefe in 1/4 l lauwarmem Wasser auflösen, mit Mehl, Zucker und 1 TL Salz 5 Min. verkneten. Zugedeckt 45 Min. gehen lassen. Blech fetten.

2 | Nüsse hacken, 100 g unter den Teig kneten. Teig zu 12 Kugeln formen, 10 Min. ruhen lassen. Ofen auf 200° (Umluft 180°) vorheizen. Ein Loch in die Teigkugeln drücken, mit kreisenden Bewegungen erweitern. Bagels in siedendem Salzwasser 1 Min. ziehen lassen, dabei einmal wenden. Mit verquirltem Ei bestreichen, in restliche Nüsse drücken. Auf gefettetem Blech im Ofen (Mitte) 25 Min. backen.

3 | Filets im Öl 10 Min. braten, würzen, aufschneiden. Mayonnaise, Orangensaft verrühren. Salat streifig schneiden. Bagels halbieren, untere Hälften mit Mayonnaise bestreichen. Restliche Zutaten darauf verteilen. Deckel auflegen.

für Gäste | edel

# Pancakes mit Räucherlachs

FÜR 4 PERSONEN

➤ 2 Eier
1 EL Zucker | 125 g Mehl
150 g Buchweizenmehl
1/2 TL Backpulver
Salz
90 g Butter
200 ml Milch
200 ml Buttermilch
1 Bund Dill
200 g Crème fraîche
weißer Pfeffer
400 g geräucherter Lachs

🕐 Zubereitung: 45 Min.
➤ Pro Portion ca.: 970 kcal

1 | Eier trennen. Eiweiße und Zucker steif schlagen. Mehle, Backpulver und Salz mischen. 40 g Butter schmelzen. Mit Eigelben, Milch und Buttermilch verquirlen. Mehlmischung unterrühren. Den Eischnee vorsichtig unterheben.

2 | Restliche Butter portionsweise in einer beschichteten Pfanne erhitzen. Für jeden Pfannkuchen etwas Teig hineingeben und in 6 Min.

goldbraun backen, dabei einmal wenden. Warm stellen.

3 | Dill waschen, trockenschütteln und fein schneiden. Crème fraîche mit Dill verrühren, mit Salz und Pfeffer würzen. Pancakes, Lachs und Crème fraîche zusammen anrichten und servieren.

preiswert | fürs Buffet

# Truthahn-Pie

FÜR 1 PIEFORM (28 CM Ø)

➤ 330 g Mehl
Salz
175 g kalte Butter
750 g Putenbrust
2 EL Öl
1/8 l Gemüsebrühe
175 g Sahne
1 Dose Maiskörner (285 g Abtropf-Gewicht)
100 g TK-Erbsen
50 g grob gehackte Cashewnüsse
Pfeffer
edelsüßes Paprikapulver

🕐 Zubereitung: 50 Min.
🕐 Kühlzeit: 1 Std.
🕐 Backzeit: 45 Min.
➤ Bei 12 Stück pro Stück ca.: 380 kcal

1 | 300 g Mehl, 1/2 TL Salz, 150 g kalte Butter und 4 EL eiskaltes Wasser verkneten. Teig 1 Std. kalt stellen.

2 | Fleisch würfeln, im Öl portionsweise anbraten. Restliche Butter im Bratfett schmelzen. Das restliche Mehl darin anschwitzen. Brühe und Sahne dazugießen, aufkochen. Mais abtropfen lassen, mit Erbsen und Cashewnüssen zum Fleisch geben. Mit Salz, Pfeffer und Paprikapulver würzen.

3 | Backofen auf 220° vorheizen. Form fetten. Zwei Drittel des Teigs ausrollen und in die Form legen. Teigboden mehrmals mit einer Gabel einstechen. Ragout einfüllen.

4 | Restlichen Teig in Formgröße ausrollen, auf die Füllung legen und die Ränder andrücken. 2 Löcher (je 1 cm Ø) in den Teigdeckel stechen. Im Ofen (Mitte, Umluft 200°) 45 Min. backen.

# Glossar

## Ahornsirup

Der süße Sirup wird aus dem Saft des Zuckerahornbaums gewonnen. Dazu werden die Bäume »angezapft«, der herausrinnende Saft wird aufgefangen, siruppartig eingekocht und zum Schluss gefiltert. Es gibt fünf Qualitätsgrade: AA, A, B, C und D. AA ist der feinste Sirup: Er ist hell und mild. Leider gibt es ihn bei uns so gut wie nicht zu kaufen. Aber auch Grad A ist qualitativ sehr wertvoll, er ist leicht bernsteinfarben und hat einen zarten Karamellgeschmack. Von B nach D wird der Sirup immer dunkler und kräftiger im Aroma.

## Buchweizen

Die dreikantigen Körner sind die Samen eines Knöterichgewächses. Buchweizen ist kein Getreide, wird aber ähnlich verarbeitet und verwendet. Im Handel ist er ganz, als Grütze und feines Mehl erhältlich. Buchweizen enthält kein Klebereiweiß und wird deshalb meist mit Weizen verbacken. Er hat einen kräftigen, charakteristischen und angenehm nussig-bitteren Geschmack. Ein Klassiker aus dem Mehl sind Pfannkuchen, die man, so wie in unserem Rezept auf Seite 56, mit Räucherlachs und Crème fraîche genießen kann. Aber versuchen Sie sie doch auch mal mit frischen Früchten!

## Cajun-Gewürz

Die Cajun-Küche (sprich: käidschn) ist im Süden der USA beheimatet. In ihr mischen sich französische, spanische, indianische und karibische Einflüsse und Aromen. Den Duft der Südstaaten holen Sie mit fertig zu kaufender Cajun-Gewürzmischung nach Hause: Sie besteht aus Paprika-, Knoblauch- und Zwiebelpulver, Salz, weißem und schwarzem Pfeffer, Cayennepfeffer, getrocknetem Thymian und Oregano. Falls Sie die Mischung nicht bekommen, können Sie sie aus den genannten Gewürzen zu etwa gleichen Teilen selbst herstellen. Und wenn es fix gehen soll, verwenden Sie für die Cajun-Muffins auf S. 49 einfach unsere Schnellversion: 1 gehackte Knoblauchzehe, 1 TL getrockneten Thymian und 1/2 TL Cayennepfeffer.

## Cashewnüsse

wachsen am bis zu zehn Meter hohen Cashewbaum. Sie sind die nierenförmigen Früchte des Cashewapfels, eines verdickten Fruchtstiels, aus dem die Nüsse unten herausragen. Cashews haben ein süßliches, mandelartiges Aroma und von allen Nüssen am wenigsten Fett und die meisten Kohlenhydrate. Sie eignen sich prima als Snack, Back- und Kochzutat.

## Cranberries

Die Kranichbeeren sind die Früchte eines Heidekrautgewächses. Sie stammen aus Nordamerika und sind unseren Preiselbeeren geschmacklich sehr ähnlich, aber groß wie Rosinen. Die angenehm fruchtig-herben Beeren werden im September und Oktober geerntet. Es gibt sie frisch, getrocknet, als Saft oder Sirup. Ein Klassiker in

Amerika ist Cranberry-Sauce zu Truthahn am Thanksgiving-Day.

## Limetten

Diese Zitrusfrüchte haben eine fast glatte, feinporige grüne Schale. Sowohl die abgeriebene Schale als auch der Saft sind im Vergleich zu Zitronen feiner und aromatischer im Geschmack. Allerdings sind Limetten meistens nicht so ergiebig wie Zitronen. Wird die Schale verwendet, die Früchte unbedingt heiß waschen – oder Limetten im Bioladen oder Reformhaus kaufen.

## Macadamianüsse

wachsen in Rispen an einem immergrünen, bis zu ca. 15 Meter hohen Baum. Ihre Heimat ist Ost-Australien. Macadamias haben eine extrem harte Schale. Sie gehören mit einem Fettgehalt von bis zu 80 % zu den fettesten Nüssen. So erklärt sich auch der zarte Biss. Sie schmecken süßnussig und sind ideal zum Backen, Knabbern und Kochen.

## Maisgrieß

wird auch als Polentagrieß angeboten. Vor allem herzhaftem Gebäck gibt der goldgelbe Grieß den gewissen »Biss«. Mischen Sie aber Maisgrieß genau wie Maismehl immer nach Rezept mit Weizenmehl, sonst gehen Brot, Kuchen oder Muffins nicht auf!

## Marshmallows

Diese zähe, aber doch elastische Schaumzuckerware ist der Inbegriff amerikanischen Naschwerks. Die Basis bilden Sirup, Zucker, Stärke und Gelatine. Ursprünglich bereitete man die Süßigkeit aus dem Wurzelsaft einer Malvenart, der Marshmallow-Pflanze. Gern werden Marshmallows in Amerika auf einen Stock gesteckt und gegrillt – bis das Innere flüssig und die Hülle leicht karamellisiert ist.

## Natron

Natron ist die Bezeichnung für Natriumhydrogencarbonat. Es treibt, in Verbindung mit säurehaltigen Zutaten wie Buttermilch oder Zitronensaft, den Teig in die Höhe. Meist wird Natron mit Backpulver zusammen in den Teig gerührt, um ein optimales Backergebnis zu erzielen und dem Gebäck den typischen, leicht salzigen Geschmack zu geben.

## Pekannüsse

sind die Steinfrüchte des Hickorybaumes, der botanisch dem Walnussbaum ähnelt und in den südlichen USA und in Mexiko wächst. Die Früchte haben im Gegensatz zur Walnuss eine glatte Schale, die Kerne sind länglicher, schmecken aber ähnlich. Pekannüsse werden in der Küche wie Walnüsse verwendet, sind aber etwas zarter im Aroma.

## Schokotröpfchen

Sie möchten, dass die Schokostückchen in Ihren Cookies noch Biss haben? Verwenden Sie am besten Schokotröpfchen. Durch ihren niedrigen Gehalt an Kakaobutter schmelzen sie nicht so schnell und bleiben beim Backen in Form.

**Zum Gebrauch**

Damit Sie Rezepte mit bestimmten Zutaten noch schneller finden können, stehen in diesem Register Zutaten wie **Frischkäse** oder **Schokolade** – ebenfalls alphabetisch geordnet und **hervorgehoben** – über den entsprechenden Rezepten.

## Der Autor

**Volker Eggers,** gelernter Koch und Ernährungswissenschaftler, arbeitet als freier Food-Journalist in Hamburg. Gern genießt er in den Coffee-Shops der Hansestadt eine der vielen Kaffeespezialitäten. Ein Brownie oder Muffin rundet dabei für ihn das Kaffeeglück ab.

## Der Fotograf

**Michael Brauner** arbeitete nach Abschluss der Fotoschule in Berlin als Fotoassistent bei namhaften Fotografen in Frankreich und Deutschland, bevor er sich 1984 selbstständig machte. Sein individueller, atmosphärereicher Stil wird überall geschätzt: in der Werbung ebenso wie bei Verlagen.

## Bildnachweis

Titelbild: Jörn Rynio, Hamburg
Alle anderen: Michael Brauner, Karlsruhe

## Titelbildrezepte

Auf dem Titelbild sehen Sie Brownies mit Schokoguss (S. 12), Vanille - Blondies (S. 12) und Marshmallow - Muffins (S. 25).

**Hinweis**
Die Temperaturstufen bei Gasherden variieren von Hersteller zu Hersteller. Welche Stufe Ihres Herdes der angegebenen Temperatur entspricht, entnehmen Sie bitte der Gebrauchsanweisung.

Programmleitung:
Doris Birk
Leitende Redakteurin:
Birgit Rademacker
Redaktion: Sabine Schlimm, Stefanie Poziombka
Lektorat: Bettina Bartz
Korrektorat: Mischa Gallé
Layout, Typografie und Umschlaggestaltung:
Independent Medien Design, München
Satz:
Uhl + Massopust, Aalen
Herstellung: Gloria Pall
Reproduktion:
Repro Ludwig, Zell am See
Druck und Bindung:
Kaufmann, Lahr

ISBN 3-7742-6889-4

| Auflage | 5. | 4. | 3. | 2. | 1. |
|---------|------|------|------|------|------|
| Jahr | 2009 | 08 | 07 | 06 | 05 |

*Ein Unternehmen der*
GANSKE VERLAGSGRUPPE

## Das Original mit Garantie

Ihre Meinung ist uns wichtig. Deshalb möchten wir Ihre Kritik, gerne aber auch Ihr Lob erfahren. Um als führender Ratgeberverlag für Sie noch besser zu werden. Darum: Schreiben Sie uns! Wir freuen uns auf Ihre Post und wünschen Ihnen viel Spaß mit Ihrem GU-Ratgeber.

Unsere Garantie: Sollte ein GU-Ratgeber einmal einen Fehler enthalten, schicken Sie uns das Buch mit einem kleinen Hinweis und der Quittung innerhalb von sechs Monaten nach dem Kauf zurück. Wir tauschen Ihnen den GU-Ratgeber gegen einen anderen zum gleichen oder ähnlichen Thema um.

GRÄFE UND UNZER VERLAG
Redaktion
Kochen & Verwöhnen
Postfach 86 03 25
81630 München
Fax: 089/41981-113
e-mail: leserservice@graefe-und-unzer.de

# GU KÜCHENRATGEBER

*Neue Rezepte für den großen Kochspaß*

ISBN 3-7742-6061-3

ISBN 3-7742-6335-3

ISBN 3-7742-6538-0

ISBN 3-7742-5940-2

ISBN 3-7742-6599-2

ISBN 3-7742-5458-3

*64 Seiten, 7,50 € [D]*

*Das macht die GU Küchenratgeber zu etwas Besonderem:*

➤ *Rezepte mit maximal 10 Hauptzutaten*

➤ *Blitzrezepte in jedem Kapitel*

➤ *alle Rezepte getestet*

➤ *Geling-Garantie durch die 10 GU-Erfolgstipps*

Änderungen und Irrtum vorbehalten.

Willkommen im Leben.

## NICHT ZU LANGE RÜHREN

➤ Ein großer Vorteil von Muffins, Brownies und Blondies ist die schnelle und leichte Zubereitung des jeweiligen Teigs. Die Zutaten immer nur kurz verrühren, damit nicht zu viel Luft untergehoben wird. So wird das Gebäck nicht zäh, sondern locker und saftig.

# Die Geling-Garantie für Brownies & Co.

## DAS BACKBLECH

➤ Backöfen sind je nach Hersteller mit dunklen oder hellen Backblechen ausgestattet. Gebäck, das auf dunklen Blechen gebacken wird, benötigt kürzere Backzeiten als auf hellen Blechen. Das liegt daran, dass die dunklen Bleche die Hitze besser leiten bzw. die hellen Bleche Hitze sogar reflektieren.

## ABSTAND HALTEN!

➤ Beim Cookiesbacken die Teighäufchen unbedingt mit Abstand auf das Backblech verteilen, da der Teig beim Backen auseinander läuft. Liegen die Teighäufchen zu dicht, können die Cookies nach dem Backen aneinander haften.

## KUVERTÜRE TEMPERIEREN

➤ Damit die Kuvertüre schön glänzt, muss sie temperiert werden, d. h. die Hälfte der gehackten Kuvertüre auf dem warmen Wasserbad schmelzen (bis maximal 40°). Aus dem Wasserbad nehmen und die restliche Kuvertüre darin schmelzen. Nochmals auf 32° erwärmen. Auch das Gebäck, das überzogen werden soll, sollte Zimmertemperatur haben.